La misión de Editorial Vida es ser la compañía líder en comunicación cristiana que satisfaga las necesidades de las personas, con recursos cuyo contenido glorifique al Señor Jesucristo y promueva principios bíblicos.

EL PADRE NUESTRO
Edición en español publicada por
Editorial Vida – 2011
Miami, Florida

Texto auxiliar © 2011 por: Rick Warren
Ilustraciones © 2011 por: Richard Jesse Watson

Originally published in the USA under the title:
The Lord's Prayer
Ancillary Text Copyright © 2010 by Rick Warren
Illustrations © 2010 by Richard Jesse Watson
Published by permission of Zondervan, Grand Rapids, Michigan 49530

Traducción: *Miguel Mesías*
Edición: *Madeline Díaz*
Diseño interior: *Cindy Davis*
Adaptacion diseño interior: *Eugenia Chinchilla*
Diseño de cubierta: *Cindy Davis*
Adaptacion de cubierta: *Gus Camacho*

ISBN: 978-0-8297-5876-4
CATEGORÍA: JUVENIL NO FICCIÓN/Devoción y oración

IMPRESO EN CHINA
PRINTED IN CHINA

11 12 13 14 ❖ 6 5 4 3 2 1

Para nuestros hijos
y nietos

Gracias a mi familia y amigos
que me sirvieron de ejemplo, me
estimularon y oraron.

Un agradecimiento especial a
World Vision, Inc.
(www.worldvision.org) por su
generoso permiso para usar
fotografías de su biblioteca
como inspiración y referencia.
—R. J. W.

❧

Para Kaylie, Cassi, Caleb y Cole.
—R. W.

For Our Children
and Grandchildren

Thank you to my family and
friends who modeled, encouraged,
and prayed.

Special thanks to World Vision, Inc.
(www.worldvision.org) for generous
permission to use photos
from their library as inspiration
and reference.

—R. J. W.

❧

For Kaylie, Cassi, Caleb, and Cole.
—R. W.

El Padre Nuestro

The Lord's Prayer

Vidaniños

«*Todo padre hablará a sus hijos acerca de tu fidelidad*».
(Isaías 38:19).

"One generation makes known your faithfulness to the next."
Isaiah 38:19 (Living)

Enseñar a los niños a confiar en Dios mediante la oración, así como orar con ellos, no es simplemente nuestra responsabilidad… es uno de los privilegios más grandes de la vida.

A menudo pensamos que nosotros enseñamos a los niños a orar, pero en realidad ellos tienen mucho que enseñarnos en cuanto a la oración. Con frecuencia entienden la oración mucho mejor que los adultos, y es por eso que Jesús dijo: «Les aseguro que a menos que ustedes cambien y se vuelvan como niños, no entrarán en el reino de los cielos».

¿Qué hay en la manera en que los niños oran que Dios ama tanto? Primero, ellos no oran para impresionar a los demás. Segundo, son directos y no se avergüenzan de sus peticiones intrépidas. Tercero, son sencillos y sinceros. Los niños oran por las cosas que les preocupan. La autenticidad, la sencillez y la espontaneidad son características de una oración como la de los niños.

La oración es la clave para vivir con esperanza. Jesús dijo que debemos orar siempre y nunca darnos por vencidos. Los niños que oran son menos proclives a desalentarse por las dificultades de la vida. Por eso es importante fortalecer la esperanza de los niños presentándoles el modelo de Jesús para la oración a edad temprana.

Es mi oración que leer este libro con sus hijos y elevar juntos el Padre Nuestro llegue a ser un ritual significativo a la hora de irse a la cama, un recuerdo atesorado, y un legado duradero que da buen fruto para las generaciones por venir. Que Dios lo bendiga tanto a usted como a los niños que ama.

—Rick Warren

Teaching children to trust God through prayer, and praying *with* them, —is not just our responsibility—it is one of life's great privileges.

We often think we teach children to pray, but actually they have much to teach us about prayer. They often understand prayer better than adults, which is why Jesus said, "Unless you become like little children, you will never enter the kingdom of heaven."

What is it about the way children pray that God loves so much? First, they don't pray to impress others. Second, they are straightforward and unashamed of their bold requests. Third, they are simple and sincere. Children pray about what they care about. Authenticity, simplicity, and spontaneity are hallmarks of childlike prayer and faith.

Prayer is the key to living with hope. Jesus said that we "should always pray and never give up." Children who pray are less likely to be discouraged by life. That's why it's important to strengthen the hope of children by introducing them to Jesus' model for prayer at an early age.

It is my prayer for you that reading this book with your children and praying the Lord's Prayer together will become a meaningful bedtime ritual, a treasured memory, and a lasting legacy that bears good fruit for generations to come. May God bless you and the children you love.

—Rick Warren

Padre nuestro que estás en el cielo,

Our Father which art in heaven,

Hallowed be thy name.
santificado sea tu nombre,

venga tu reino,

Thy kingdom come.

hágase tu voluntad en la tierra

Thy will be done in earth,

como en el cielo.
as it is in heaven.

Danos hoy nuestro pan cotidiano.
Give us this day our daily bread.

Perdónanos nuestras deudas,
And forgive us our debts,

como también nosotros hemos perdonado a nuestros deudores.

as we forgive our debtors.

y no nos dejes caer en tentación, sino líbranos del maligno,

And lead us not into temptation, but deliver us from evil:

porque tuyos son el reino
For thine is the kingdom,

y el poder,

and the power,

y la gloria para siempre. Amén.

and the glory, for ever. Amen.

Cuando niño oraba el Padre Nuestro. Ahora que soy padre y abuelo, todavía elevo el Padre Nuestro en oración.

Jesús les enseñó a sus discípulos esta oración para mostrarles cómo hablar con Dios. Ha sido un deleite meditar en una oración profunda que también es un poema interactivo.

Como artista, fue un gran reto ilustrar una expresión tan pura de amor y adoración. Me gocé al trabajar en este libro. Tanto, que a veces pensaba que podía volar. Mi familia y amigos me ayudaron sirviendo de ejemplo para algunas de las ilustraciones y a través de su dulce estímulo.

El mundo necesita con desesperación esta oración, trata de la confianza, el perdón y el amor de un padre.

El Padre Nuestro pertenece a todos los niños del mundo, ya que comienza así: «Padre nuestro...».

—Richard Jesse Watson

As a child, I prayed the Lord's Prayer. Now that I am a father and grandfather, I still pray the Lord's Prayer.

Jesus gave his disciples this prayer to show them how to speak with God. It has been a delight to meditate on a profound prayer that is also an interactive poem.

As an artist, I found it a great challenge to illustrate such a pure expression of love and worship. I experienced joy as I worked on this book. So much so, that I sometimes felt like I could fly. My family and friends helped me by modeling for some of the illustrations and by their sweet encouragement.

The world desperately needs this prayer. It is about trust, forgiveness, and a father's love.

The Lord's Prayer belongs to all the children of the world, for it begins, "Our Father..."

—Richard Jesse Watson

Orar es simplemente conversar con Dios.
Aunque no podemos ver a Dios, él siempre está
cerca; y a Dios le encanta oír nuestras oraciones.
Podemos hablar con Dios en cualquier parte, y
podemos hacerlo sobre cualquier cosa. En
cualquier momento que nos sintamos tristes,
asustados o molestos, debemos hablar
con Dios y decirle cómo nos sentimos.
Dios siempre entiende.

Prayer is just talking to God. Even though
we cannot see God, he is always near,
and God loves to hear our prayers.
We can talk to God anywhere, and
we can talk to him about anything!
Whenever we feel sad or scared
or upset, we should talk to God
and tell him how we feel. God
always understands.

—Rick Warren

Padre nuestro que estás en el cielo,

Dios es mi Padre celestial y me creó. Siempre me ama.
Nunca me dejará, así que jamás estaré solo.

¡Gracias, Dios, por amarme!

Our Father which art in heaven,

God is my Father in heaven who made me. He will alway
love me. He will never leave me, so I will never be lonely.

Thank you, God, for loving me!

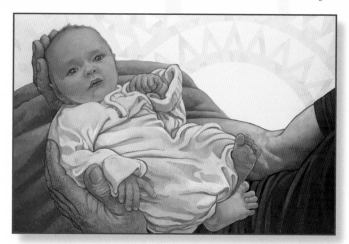

santificado sea tu nombre,

Dios es bueno conmigo, así que lo honro. Honro el nombre
de Dios al amarlo, confiar en él, obedecerlo y agradecerle.

¡Gracias, Dios, por ser bueno conmigo!

Hallowed be thy name.

God is good to me, so I honor him. I honor God's name
by loving him, trusting him, obeying him, and thanking hir

Thank you, God, for being so good to me!

venga tu reino,

¡Cuando hago lo que Dios quiere que haga, él es el Rey de mi corazón y me lleno de gozo!

¡Gracias, Dios, por ser grande!

Thy kingdom come.

When I do what God wants me to do, he is the King of my heart, and I am filled with joy!

Thank you, God, for being great!

hágase tu voluntad en la tierra

Dios me hizo con un propósito. Él tiene un buen plan para mi vida, así que no tengo miedo.

¡Gracias, Dios, por tu plan!

Thy will be done in earth,

God made me for a purpose. He has a good plan for my life, so I am not afraid.

Thank you, God, for your plan!

como en el cielo.

El cielo es un lugar feliz donde Dios vive. Un día llegaré a vivir allí también, porque amo y confío en Jesús, el Hijo de Dios.

¡Gracias, Dios, por el cielo!

as it is in heaven.

Heaven is the happy place where God lives. One day I'll get to live there too, because I love and trust in Jesus, God's Son.

Thank you, God, for heaven!

Danos hoy nuestro pan cotidiano.

Dios ha prometido atender todas mis necesidades, así que voy a confiar en él y no preocuparme.

¡Gracias, Dios, por tus dádivas!

Give us this day our daily bread.

God has promised to take care of all my needs, so I will trust him and not worry.

Thank you, God, for your gifts!

Perdónanos nuestras deudas, como también nosotros hemos perdonado a nuestros deudores.

Cuando cometo errores, Dios siempre me perdona.
¡Gracias, Dios, por perdóname!

And forgive us our debts, as we forgive our debtors.

When I make mistakes, God always forgives me.
Thank you, God, for forgiving me!

Y no nos dejes caer en tentación, sino líbranos del maligno,

Dios me ayuda a hacer lo correcto y bueno.
¡Gracias, Dios, por protegerme!

And lead us not into temptation, but deliver us from evil:

God helps me to do what is right and good.
Thank you, God, for protecting me!

porque tuyos son el reino

Soy parte de la familia de Dios, que durará para siempre jamás.

¡Confío en ti, Dios!

For thine is the kingdom,

I am a part of God's family, which will last forever and ever!

I trust in you, God!

y el poder,

Cuando estoy cansado, ¡puedo pedirle a Dios energía y fuerza!

¡Dios, por favor, hazme fuerte!

and the power,

When I am tired, I can ask God for energy and strength!

God, please make me strong!

y la gloria para siempre. Amén.

Cuando confío en Dios por completo, lo hago sonreír.

¡Te amo, Dios!

and the glory, for ever. Amen.

When I trust God completely, it makes him smile!

I love you, God!

Padre nuestro que estás en el
cielo, santificado sea tu nombre,
venga tu reino, hágase tu voluntad
en la tierra como en el cielo.
Danos hoy nuestro
pan cotidiano.
Perdónanos nuestras deudas,
como también nosotros hemos
perdonado a nuestros deudores.
Y no nos dejes caer en tentación,
sino líbranos del maligno,
porque tuyos son el reino y el
poder y la gloria para siempre.
Amén.

Our Father which art in heaven,
Hallowed be thy name.
Thy kingdom come. Thy will be
done in earth, as it is in heaven.
Give us this day our daily bread.
And forgive us our debts,
as we forgive our debtors.
And lead us not into
temptation, but deliver
us from evil:
For thine is the kingdom, and the
power, and the glory, for ever.
Amen.